Mobile 1
Übungen

Autorinnen
Ingrid Dudek
Marina Elbert
Christa Schenk

Illustrationen
Gisa Borchers

westermann

Mobile 1
Übungen

Mobile 1	Schwerpunkte	Übungen
4–11	Lauttabelle	3–10
12–13	Ich, ich, bin	11
	Muri	12
	wir	13–14
	I i	15–16
14–15	hat	17
	sind	18
	mag	19–20
	M m	21–23
16–17	ist	24
	die, Ampel	25–26
	Ola-Mola	27–28
	A a	29–32
18–19	gut	33
	und	34
	T t	35–38
20–21	U u	39–41
	das, Auto	42
	Au au	43–44
22–23	kann	45
	ein	46
	R r	47–49
	Tütendiktat	50
24–25	Dino	51
	D d	52–55
26–27	O o	56–58
	einen	59
	Haus	60
	H h	61–63
	Laufdiktat	64
28–29	N n	65–68
	W w	69–72
30–31	ch	73–76
	L l	77–80
32–33	E e	81–84

Mobile 1	Schwerpunkte	Übungen
34–35	S s	85–87
	Jogurt	88
	J j	89
36–37	Zähne	90
	B b	91–92
38–39	K k	93–95
	Würfeldiktat	96
40–41	F f	97–99
42–43	Sch sch	100–102
	Ei ei	103–105
44–45	ß	106
46–47	G g	107–108
48–49	P p	109–110
50–51	Z z	111–112
52–53	St st	113–115
	Eu eu	116–118
54–55	Ä ä	119–120
	Ö ö	121–122
	Ü ü	123–125
	Flüsterdiktat	126
56–57	ie	127–128
	V v	129–130
58–59	ck	131
	Äu äu	132
60–61	Sp sp	133–134
	Pf pf	135–136
62–63	X x	137–138
	Y y	139–140
64–65	C c Ch ch	141–142
	Qu qu	143–144
	Alle Buchstaben	145–146
	Fühlbuchstaben	147–148
	Wörterkasten	149–150
	Stationen	151–152

Name: _____

Benenne die Bilder und verbinde die passenden Bilder.

Name: ....

Spielt zu zweit. Ein Kind setzt seinen Spielstein auf ein Bild. Das andere Kind benennt das Bild und sagt, mit welchem Laut das Wort anfängt. Wechselt euch ab.

Name: ....

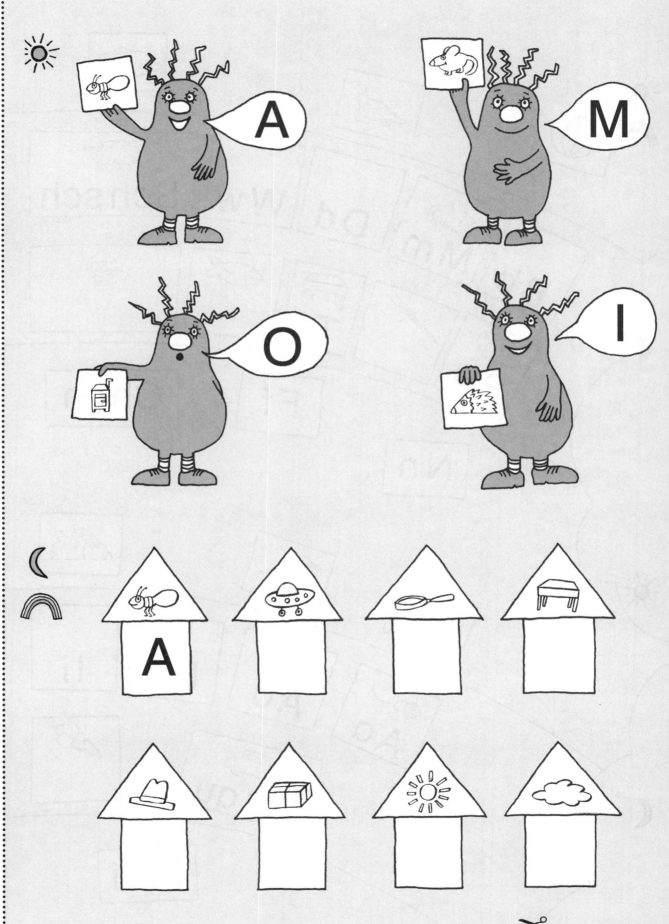

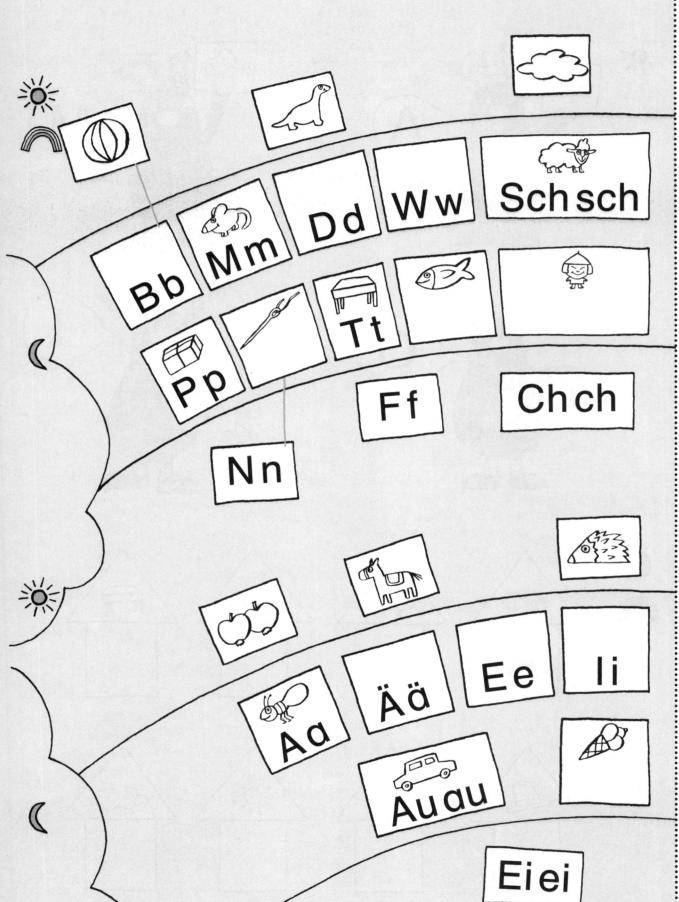

Name: ....

☀ Zu welchem Buchstaben gehört das Bild? Verbinde.

☽ Zu welchem Buchstaben gehört das Bild? Verbinde.

☀ Zu welchem Bild gehört der Buchstabe? Verbinde.

☽ Zu welchem Bild gehört der Buchstabe? Verbinde.

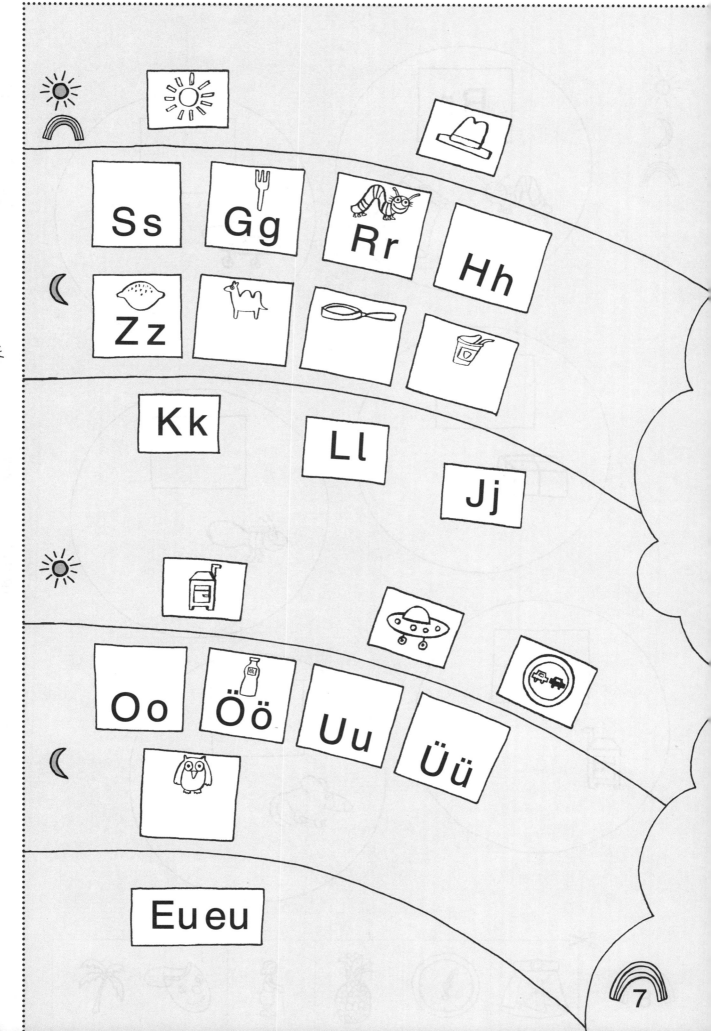

7

Name:

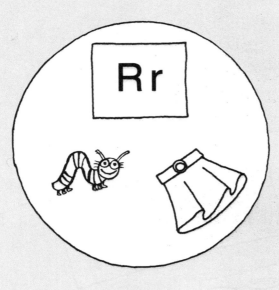

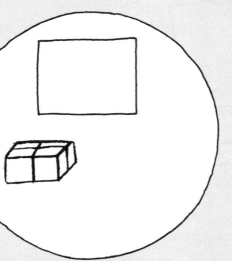

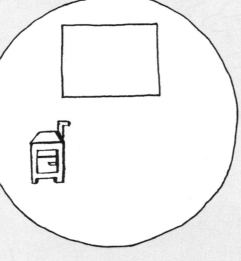

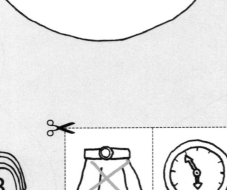

Schreibe die Buchstaben auf die Buchstabenkärtchen. Deine Lauttabelle hilft dir.

Ordne die Bilder nach ihrem Anlaut in die Reifen. Male oder klebe sie hinein.

Name: ....

Spielt zu zweit. Würfle und rücke vor. Wenn du auf einem Bild stehst, nenne ein Wort mit gleichem Anlaut. Jetzt darfst du auf das nächste freie Feld vorrücken. Wechselt euch ab.

START → Ee Zz Üü Sch sch Oo Rr Jj Ää Ll Dd Ss ↵
Au au Ww Ii Tt Ff Uu Nn Aa Bb Hh Öö Kk ↵
Ch ch Ei ei Pp Eu eu Gg ↵

Name:

Nimm deine Lauttabelle. Schreibe die fehlenden Buchstaben in die freien Felder. Kannst du die Wörter lesen?

Name: .... I i

☼ Klebe ein Foto von dir in den Rahmen oder male dich.
Sprich: **Ich bin** und schreibe deinen Namen dazu.

Ich bin

☾ Kreuze an und sprich dazu:
Ich bin ... .

  ⊗   ○   ○   ○

  ○   ○   ○   ○

☆ Sprich: Ich bin **ich**.
Setze deine Fingerabdrücke um den Satz herum.

Ich bin ich.

11

I i Name:

12

Name: **I i**

Was machst du alleine oder mit anderen? Klebe oder schreibe **ich** oder **wir** dazu.

wir | wir | wir | ich | ich | ich

I i Name: _____

• ich •

• wir •

Was machst du alleine oder mit anderen? Verbinde mit **ich** oder **wir**. Sprich Sätze dazu.

• wir •

• ich •

Suche das Wort **wir**. Lies es deutlich und färbe es mit einer hellen Farbe ein.

| wir | ich | wir | wer | will | wir | wie |

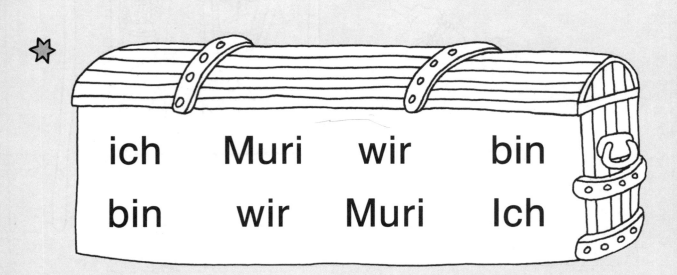

ich   Muri   wir   bin
bin   wir   Muri   Ich

Diese Wörter kannst du schon lesen. Übe sie oft, damit du sie richtig und schnell lesen kannst.

Name: _____ **M m**

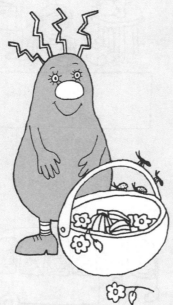

Muri hat 🐚🐚🐚 .

Muri hat 🐞🐞🐞 .

Muri hat 🐜🐜🐜 .

Muri hat 🐌🐌🐌 .

```
hat  mit  hat  im  hat  ist  hat
Muri  bin  hat  ist  hat  wir
mag  hat  wir  hat  ist  im  hat
```

Muri hat  .

17

M m Name:

☀ Klebe ein oder schreibe: **wir sind** oder **ich bin**.
Denke dir neue Sätze aus: **Wir sind** ....

☾ Suche das Wort **sind**.
Lies es deutlich und färbe es mit einer hellen Farbe ein.

☾
| sind | bin | mag | sind | wir | ich |
| bin | sind | wir | hat | sind | hat |

| wir ✗sind | wir sind | wir sind | wir sind | ich bin | ich bin |

Name: _____  **M m**

 Was magst du gern?
Verbinde und sprich dazu.

Ich mag

 Male oder schreibe, was du noch gern magst.

 Farbe **mag** mit einer hellen Farbe ein.

mag	hat	wir	mag	ich
wir	mag	bin	hat	mag

19

M m Name:

Muri hat

Muri mag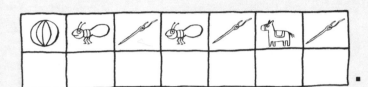

 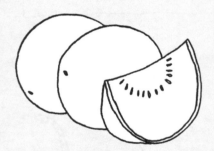 

| Ii | Ss | Aa | Mm | Tt |

Name: _____ **M m**

 Wo hörst du **M m**? Kreuze an.

 ☒  ☐  ☐

 ☐  ☐ 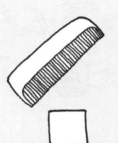 ☐

 Färbe mit einer hellen Farbe ein, was du schon lesen kannst.

im   Im
Mi   Muri   um
mi   Mami   Mimi
am   Mimi   Momo
Oma   Ola-Mola
Mami   Muri   an

23

A a Name: _____

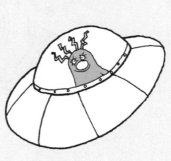

Muri ist im

Wo **ist** Muri?
Verbinde und sprich dazu: **Muri ist im** .....

ist	ich	wir	im	ist
mit	ist	bin	ist	im
ist	Ast	ihm	ist	bin
sind	ihr	ist	in	ist

Name: .... A a

Ich mag
die Ampel.

 Ich 👤 ,
die Ampel ist ◯ .

 Ich 🚶 ,
die Ampel ist ◯ .

diederdiedasdiesiediedasdie

Ampel Ananas Auto Ampel
Arm Ampel Amsel Ampel
Abend Ampel Ameisen Arm
Ampel Affe Ampel Angel

☀ Lies: **Ich mag die Ampel.** Lies und male in der richtigen Farbe an.

☾ Trenne **die** durch Striche von den anderen Wörtern ab.

☆ Suche das Wort **Ampel** und färbe es mit einer hellen Farbe ein.

25

A a

Name:

die •
der •
die •
die •
der •
die •

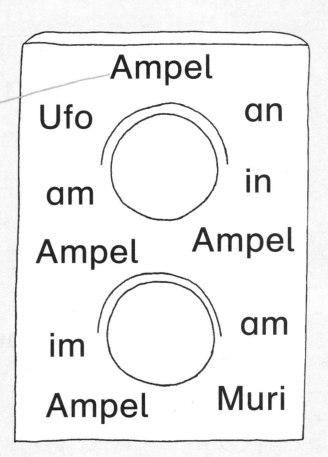

Ampel
Ufo   an
am   in
     Ampel
Ampel
           am
im
Ampel   Muri

die Ampel	das Auto	ist
am	die Autos	die Ampel
Auto	die Ampel	Affe	die

Name:

A a

Lies, was Muri und Ola-Mola sagen.

Male alle Felder mit **a** und **M** an. Wie heißt der Name?

Wer ist hier versteckt? Klebe oder schreibe die Namen dazu.

27

A a Name: ....

☀ Ola-Mola oder Muri? Verbinde mit dem passenden Bild.

Ola-Mola •    Ola-Mola •

Ola-Mola •    Muri •

Muri •    Ola-Mola •

Ola-Mola •    Muri •

☾ Diese Wörter kannst du schon lesen. Färbe **Ola-Mola** mit einer hellen Farbe ein.

Mama

Ola-Mola

Ola-Mola

Ampel

Ola-Mola

Auto

Ola-Mola

Ola-Mola

Mama

Name: A a

29

A a

Name:

   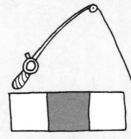

Wo hörst du **A a**? Am Anfang oder am Ende? Kreuze an.

A a

Fahre **A a** zuerst mit dem Finger nach, dann mit Buntstiften. Schreibe weiter.

A A
A A
a a
am

Muri

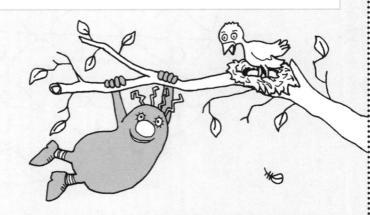

Erzähle zum Bild. Schreibe Sätze zum Bild in dein Heft.

Name: **A a**

Baue das Wort ab und auf.

Mama		M
Mam		Ma
Ma		Mam
M		Mama

Lies die Wörter und verbinde.

Ich • • im
    • bin •
Mama • • im
    • ist •
Muri • • am

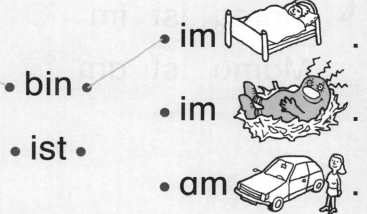

Schreibe Sätze auf. Deine Lauttabelle hilft dir.

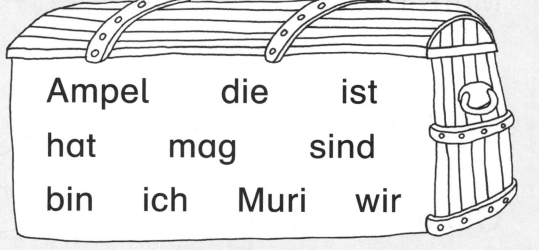

Ampel   die   ist
hat   mag   sind
bin   ich   Muri   wir

Diese Wörter kannst du schon lesen. Übe sie oft, damit du sie richtig und schnell lesen kannst.

31

A a Name: _____

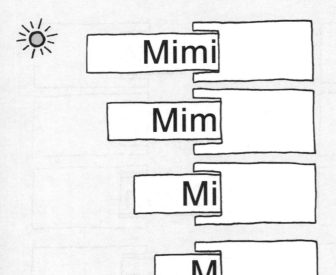
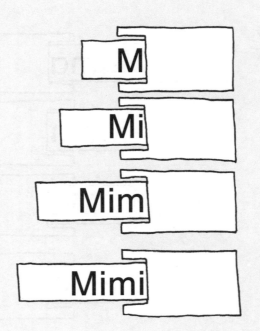

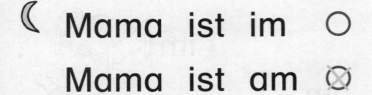 ○
Mama ist im ○
Mama ist am ⊗

Muri ist im ○
Muri ist am ○

Ola-Mola ist im ○
Ola-Mola ist am ○

32

Name: .... **T t**

Was findest du **gut**? Verbinde und sprich dazu: **Ich finde ... gut.**
Male oder schreibe in die freien Felder, was du noch **gut** findest.

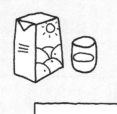 gut

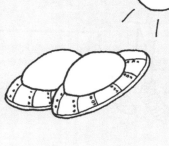

Suche das Wort **gut** und färbe es mit einer hellen Farbe ein.

gut	gibt	bin	gut	Mut
ich	gut	Uta	und	gut
gut	Mut	gut	tut	und
und	gut	ich	bin	gut
gut	uns	ich	gut	und

Schreibe in dein Ich-Heft, was du gut findest.

   sind gut.

33

T t

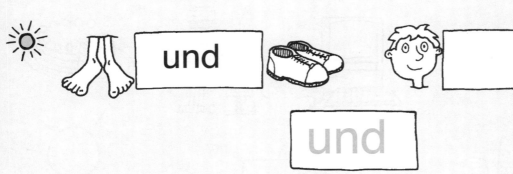

und

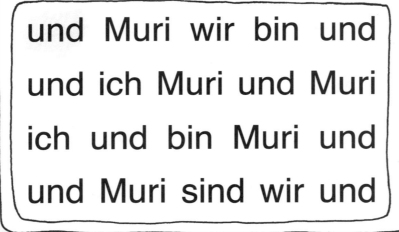

und Muri wir bin und
und ich Muri und Muri
ich und bin Muri und
und Muri sind wir und

34   u~~nd~~   und   und   und

Name: _____ T t

Erzähle zum Bild. Wo hörst du **T t**? Male die Bilder mit **T t** an.

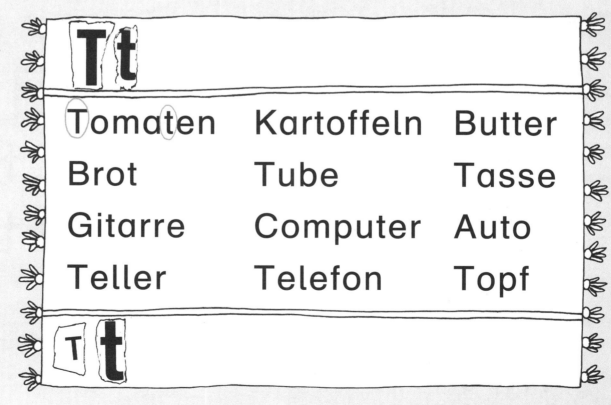

Tomaten	Kartoffeln	Butter
Brot	Tube	Tasse
Gitarre	Computer	Auto
Teller	Telefon	Topf

Schneide **T t** aus einer Zeitung aus und klebe sie auf. Kreise **T t** ein.

T t

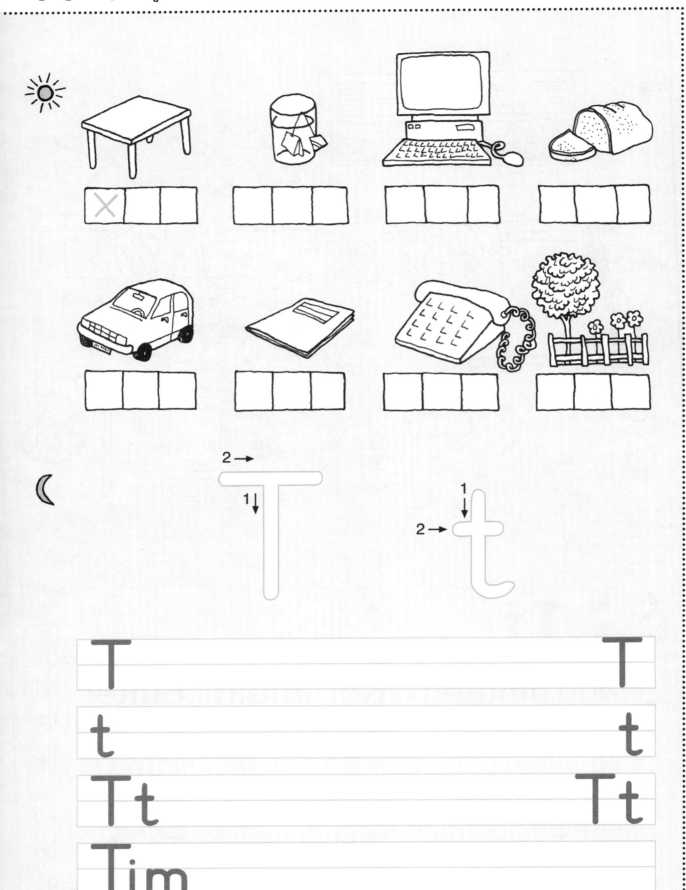

Name: .... **T t**

☀ Baue das Wort ab und auf.

Tami	T
Tam	Ta
Ta	Tam
T	Tami

☾ **Ti, Ta** und **mit** kannst du lesen.
Färbe **Ti**, **Ta** und **mit** mit einer hellen Farbe ein.

TippTickTinteTischTitelTiger

TaTanteTagTalTanzTasche

mitbinmitimammitistwirmitam

☆ Lies und kreuze richtig an.

Mama ist am 🚗. ○
Mama ist im 🚗. ○
Muri ist im 🚗. ○

37

T t

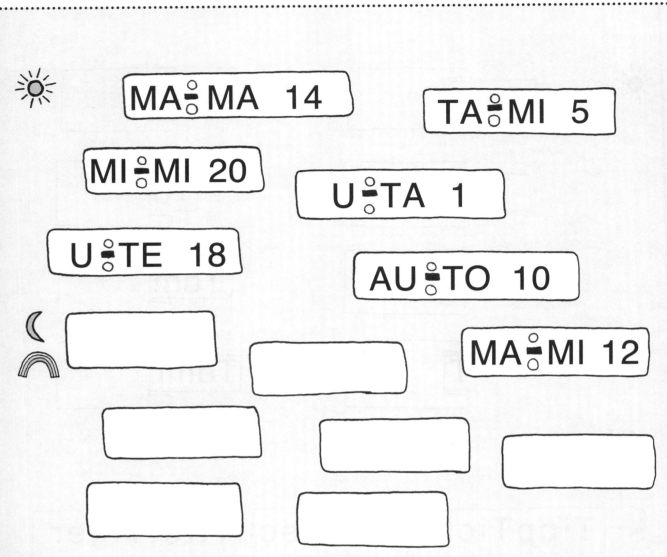

Auf ihren Ti Ta Tatzen
tanzen toll die Ki Ka Katzen.
Die Ki Ka Katzen tanzen toll
auf ihren Ti Ta Tatzen.

Hier haben sich Wörter versteckt. Kannst du sie lesen?

Schreibe selber Autonummern in die freien Felder.

Kreise T t ein.

Schreibe oder male doch eine Geschichte über die lustigen Katzen.

38

Name: U u

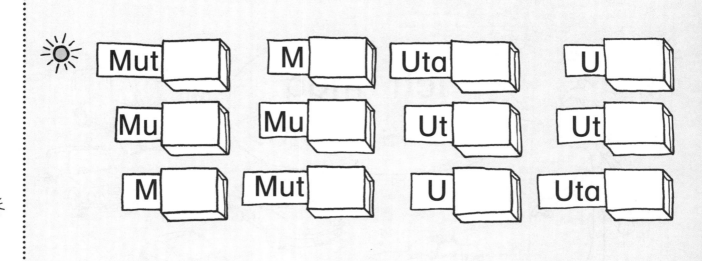

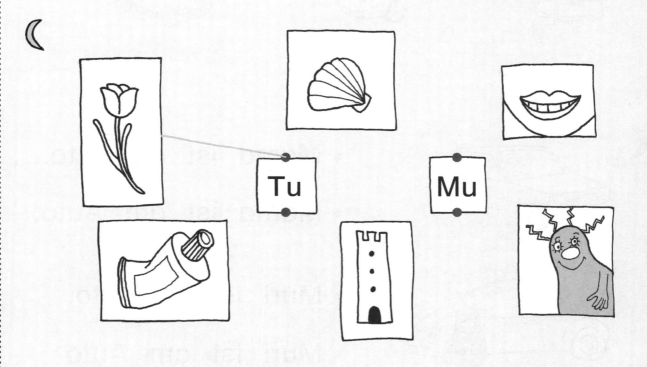

Muri hat Mut.

Uta hat Mut.

Tami hat Mut.

Au au

Ich mag das Auto.

- Mama ist im Auto.
- Mama ist am Auto.

- Muri ist im Auto.
- Muri ist am Auto.

das Auto   die Autos   das Auto
Muris Auto   das Auto   an der Ampel
das Auto   an der Ampel   das Auto

Lies und erzähle, welches Auto du magst.

Verbinde das Bild mit dem passenden Satz.

Färbe **das Auto** ein.

Name: _____ Au au

Erzähle zum Bild. Wo hörst du **Au au**?
Male die Bilder mit **Au au** an.

Au	au	am	Au	Aa	au	An
um	Au	Uhr	au	am	au	Au
au	Am	An	Au	au	am	an
An	um	Au	au	in	au	Au

43

Au au Name:

Wo hörst du **Au au**? Am Anfang, in der Mitte oder am Ende? Kreuze an.

| Au | Au |
| au | au |
| miau |
| Tau |
| Tami ist am Tau. |
| ist |

Fahre **Au au** zuerst mit dem Finger nach, dann mit Buntstiften. Schreibe weiter.

44

Name: _____ **R r**

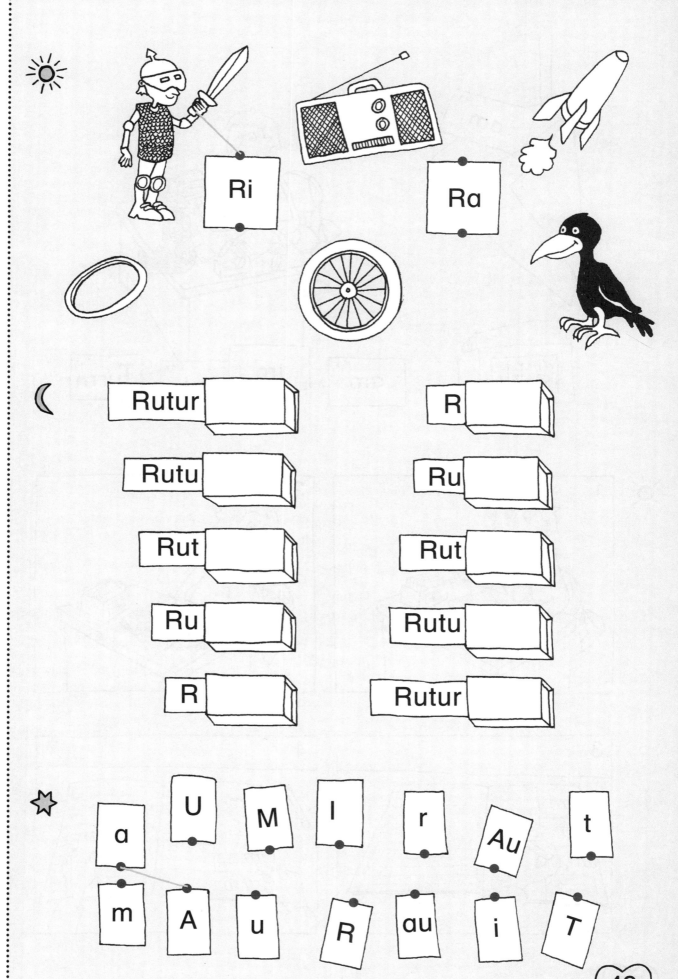

Tütendiktat Name:

Name: ....

D d

Ich bin Dino.

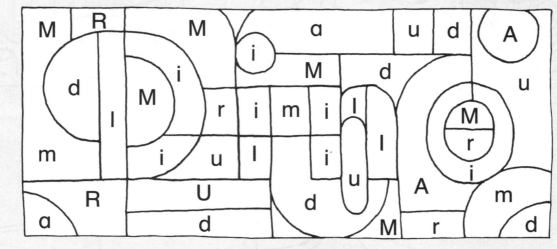

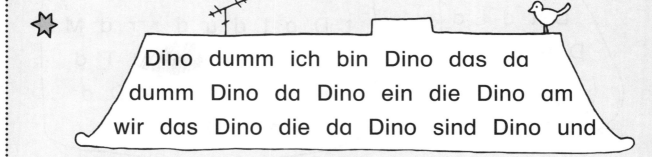

Dino dumm ich bin Dino das da
dumm Dino da Dino ein die Dino am
wir das Dino die da Dino sind Dino und

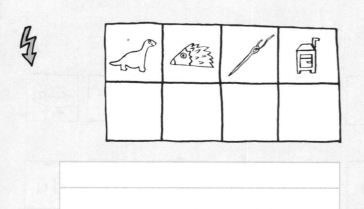

D d

Name: ....

☀ Erzähle zum Bild. Wo hörst du **D d**? Male die Bilder mit **D d** an.

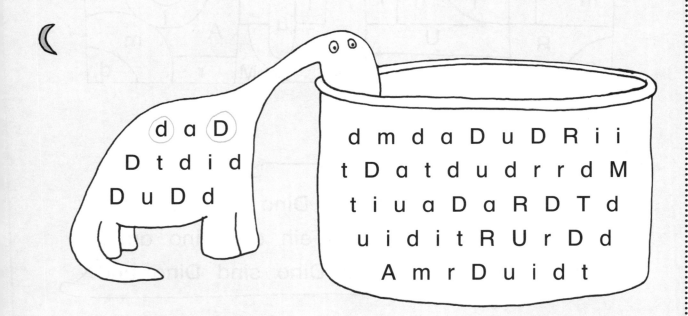

☽ Kreise **D d** ein.

d a D
D t d i d
D u D d

d m d a D u D R i i
t D a t d u d r r d M
t i u a D a R D T d
u i d i t R U r D d
A m r D u i d t

★ Verbinde die Buchstaben mit dem passenden Bild.

| Dd | Ii | Aa | Dd | Mm | Dd | Tt | Rr | Uu |

52

Name: _____ D d

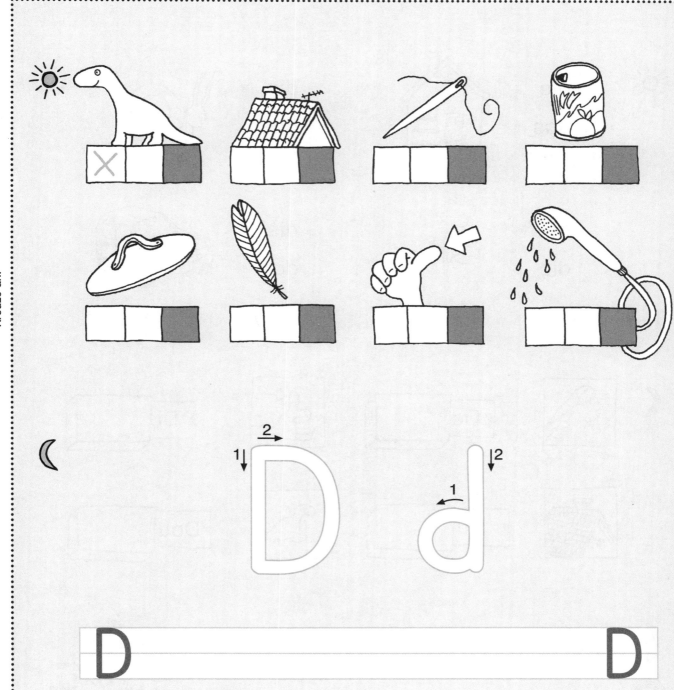

Muri ist da.
ist

D d Name: _____

   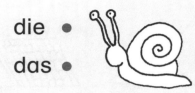

die •   die •
das •   das •

das •   die •
die •   das •

  • Da   • Di

 • Du   • Dau

54

Name: ....

D d

- Da ist Mama.
- Da ist Dino.
- Da ist Ola-Mola.

- Da sind Ola-Mola und Muri.
- Da sind Ola-Mola und Dino.
- Da ist Muri mit Dino.

- Dino hat das Auto.
- Ola-Mola hat das Auto.
- Da ist die Ampel.

- Muri mag mich.
- Ola-Mola mag mich.
- Mama mag mich.

`m` `ich`

Ich mag dich.

`d` `ich`

 55

O o

Name: ....

※ Erzähle zum Bild. Wo hörst du O o? Male die Bilder mit O o an.

☾ Schneide O o aus einer Zeitung aus und klebe sie auf.

✵ Verbinde den großen mit dem passenden kleinen Buchstaben.

O	D	R	O	a	t	m	U
d	o	A	o	r	u	M	T

Name: _____ **O o**

O   O

o   o

Oma

rot

Ich bin Oma.

bin

O o Name:

- Da sind Oma und Dino.
- Da sind Ola-Mola und Muri.
- Da sind Oma und Ola-Mola.

- Oma hat ein Auto.
- Oma hat ein Radio.
- Oma hat ein Rad.

- Dino ist im Auto.
- Ola-Mola ist im Auto.
- Oma ist im Auto.

 Oma ist im Traum ein Dino.

 Das kann Ola-Mola:

   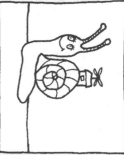

Name: .... **H h**

Lies den Satz.

Ola-Mola hat einen Motor.

Muri hat • — ein — • Radio.
            • einen •

Oma hat •   ein   • Auto.
          • einen •

Mama hat •   ein   • Hut.
           • einen •

Ein oder einen? Verbinde den Satz mit den passenden Bildern.

Muri hat ein •

Muri hat einen •

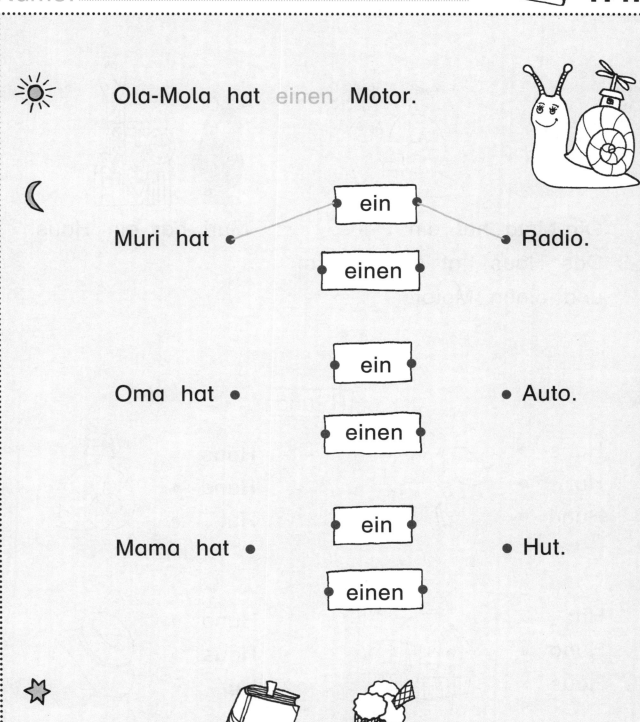

H h Name: _____

Ola-Mola hat ein Haus.   Muri hat ein Haus.
Das Haus hat einen Turm
und einen Motor.

H und

Haus •   Haus •
Hut •   Hund •
Hund •   Hut •

Hut •   Hund •
Hund •  Haus •
Haus •   Hut •

Hund   Haus   Hut

Name: _____ U u

Erzähle zum Bild. Wo hörst du **U u**?
Male die Bilder mit **U u** an.

Kreise **U u** ein.

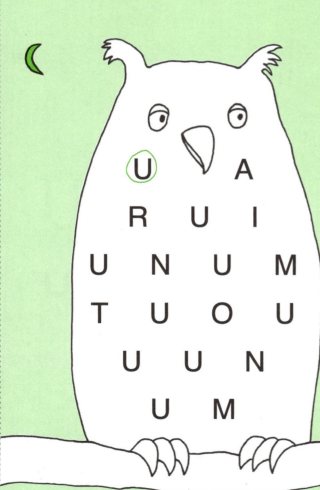

39

U u

Name:

U

u

Uta

um

Mut

Name: _____ M m

Erzähle zum Bild. Wo hörst du **M m**?
Male die Bilder mit **M m** an.

Mund mag mein
am mit sind wir
Muri Mama im
Maus mit Mond
Mund mir

21

M m  Name: ....

 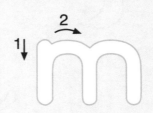

M		M
m		m
Mm		Mm
am		
Mama		

☾ Meine Mama mag Mäuse.
Mich hat sie so lieb.
Manchmal sagt sie:
„Mein Mäuslein!"
Und ich sage: „Piep!"

Ute Andresen

Fahre **M m** zuerst mit dem Finger nach, dann mit Buntstiften. Schreibe weiter.

Kreise **M m** ein.

Name: ....

F f

Erzähle zum Bild.
Wo hörst du **F f**? Male an.

Wo siehst du einen Fisch mit **F f**?
Male ihn an.

97

F f

F   F

f   f

Foto

rufen

Muri findet Ferien toll.

Name: ....

R r

47

R r

Name:

| x | | | | | | | | | | | | | |

R r

R   R

r   r

Rutur

mir

Muri ist im Turm.

ist

Im Traum bin ich ... .
Ich kann ... .

48

Name: .... R r

Lies: **Ich kann ...** Male die passenden Bilder an.
Schreibe oder male, was du noch kannst.

Lies die Wörter und färbe **kann** mit einer hellen Farbe ein.

kann	mag	Mama	ich	kann
und	Tami	kann	im	mag	sind
hat	kann	gut	Auto	mit	kann
kann	Ampel	Muri	kann	wir
am	kann	Auto	kann	Muri	im

45

R r

Name:

Wo passt **ein**? Klebe oder schreibe **ein** dazu.

ein	mein	die	ein	eine	einen
einer	fein	ein	die	ein	eine
eins	ein	fein	kein	rein	ein

ein ein ein ein ein ein

Name: _____ P p

Pola plappert laut.

P p 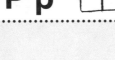 Name:

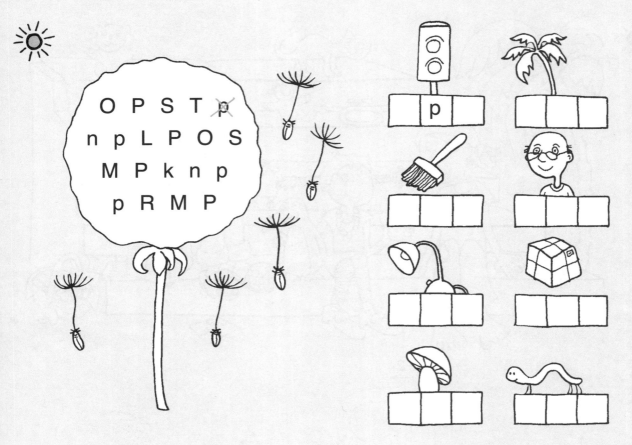

Pola bekommt ein Geschenk. Im gelben Postauto ist ein Paket.

Im Paket findet Pola einen Jogurt. Pola mag Jogurt mit Pampelmusen.

Pola
Pola plappert.
Pola plappert ohne Pause.
Pola plappert ohne Pause mit Opas Pudel.
Pola plappert ohne Pause mit Opas Pudel Fips.

Name: _____   I i

Igel ich Muri
ist in Ich Igel bin
Pinsel Fisch wir
Kinder mit Insel
Tiger Licht Stift

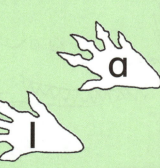

15

I i

Name: _____

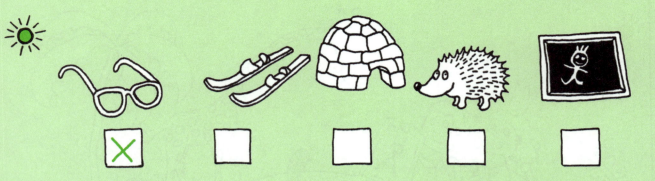

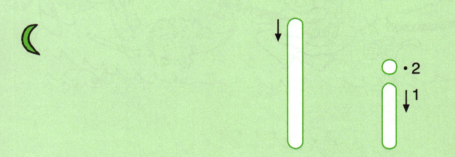

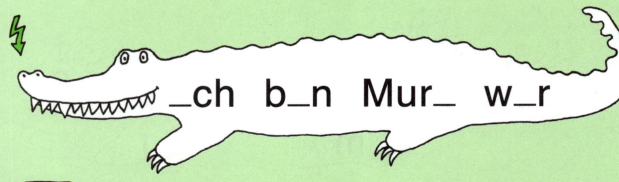

_ch b_n Mur_ w_r

Name: .... **H h**

☀ Verbinde das Bild mit dem passenden Wortanfang.

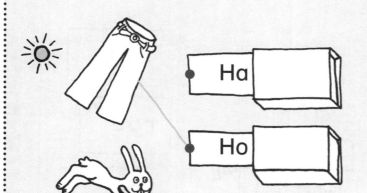

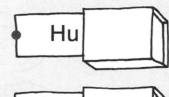

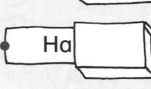

Ha Hu Ho Ha

☾ Verbinde das Bild mit dem passenden Satz.

- Oma hat einen Hut.
- Mama hat einen Hut.
- Ola-Mola hat einen Hut.

- Mama, dort ist ein Hund.
- Mama, dort ist ein Hut.
- Oma, ein Hund ist am Tor.

☆ Schreibe und male Muri, wo du gerne wohnen würdest.

Das ist mein Haus.

Laufdiktat Name:

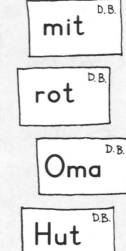

Name: .... N n

Nina	Anna
Otto Anni	Tina
Harri Muri	Nena
Mario Tino	Armin
Tim Nora	Rudi
Noah	Donald
Ania	Dino

Rudi	Anna
Arno	Nina Anni
Nino	Anita
Anita	Dino
Nando	Rita
Nina	Maria

Auto   das   ein   gut   kann   mit
und   ich   sind   wir   mag   Muri
Oma   bin   Dino   einen   Mama

65

N n

Name:

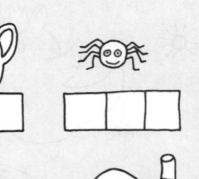

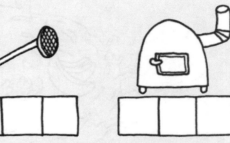

N n

N   N

n   n

Not

rund

Ein  ist rund.

Ein  ist

Wo hörst du **N n** ? Kreuze an.

Fahre **N n** nach. Schreibe weiter.

Name: ....

N n

Baue das Wort ab und auf.

Hund			H
Hun			Hu
Hu			Hun
H			Hund

Verbinde das Bild mit dem passenden Wortanfang.

Na • 🎵🎵🎵   🪺 • Na

No • 🪡   🦏 • Ne

Verbinde und schreibe die Wörter.

M •
r • • und
H •

Trage die passenden Buchstaben ein.

Mond   o u   H_nd
M_nd   a u   H_nd

67

N n   Name:

Neun Nashörner niesen
auf den grünen Wiesen.

Neun Nashörner prusten.
Die Armen haben Husten.

Neun Nashörner müssen ins Bett –
das finden sie nicht nett.

Name: _____

W w

| W | m | w | M | N | W | n | w | M | w | N |
| W | M | w | m | W | m | W | M | w | m | W |

Dino	Oma	Haus	Hut	Ola-Mola
rot	ein	gut	kann	mit	Turm
und	ist	am	Muri	Auto	sind

69

W w

 Name:

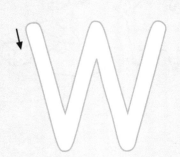

W   W

w   w

Wurm

wo

Wo wohnt Muri?

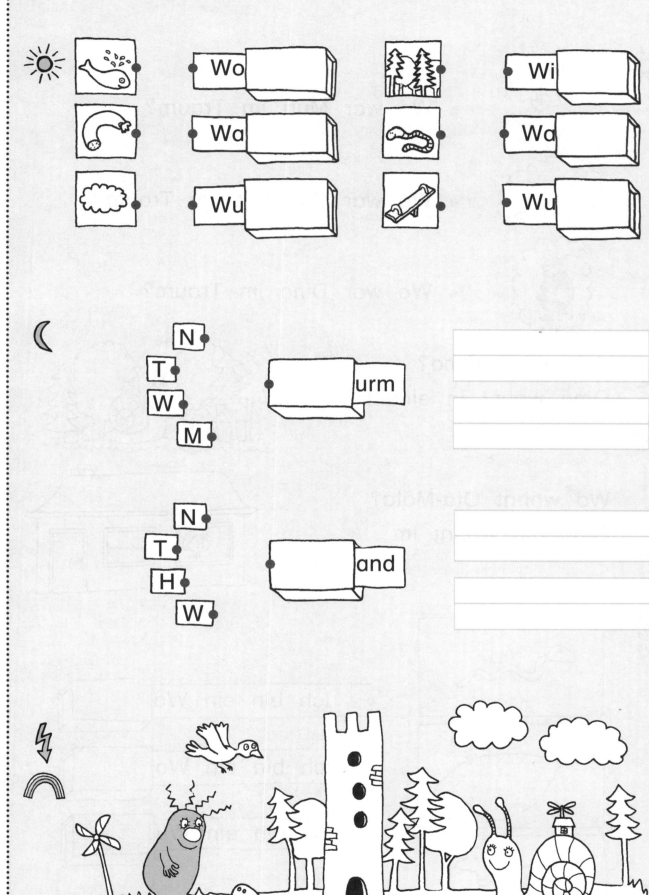

W w   Name: _____

 • Wo war Muri im Traum?

 • Wo war Ola-Mola im Traum?

 • Wo war Dino im Traum?

Wo wohnt Oma?
Oma wohnt in einem •

Wo wohnt Ola-Mola?
Ola-Mola wohnt im •

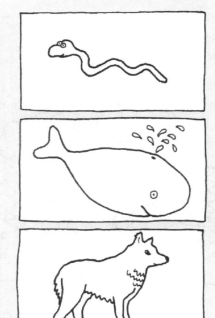

• Ich bin ein Wa

• Ich bin ein Wo

• Ich bin ein Wu

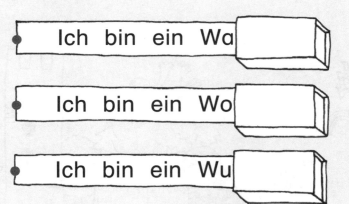

Name: _____   **ch**

 Erzähle zum Bild.
Wo hörst du **ch**? Male an.

Färbe die Wörter, die du schon lesen kannst, ein.

macht	Rauch	Kuchen	nicht
Nacht	Bauch	suchen	Licht
lacht	auch	Buchen	Wicht
acht	ich	Tuch	Dach
noch	Buch	Fach	doch
dich	Bach	Loch	mich
wach	lachen	sich	weich
Sachen	faucht	acht	machen
reich	wacht	Teich	wachen

73

ch Name:

ch　　　　　　　　　　　　　　　ch

ich

Dach

mich

Muri ist noch wach.

ist

Wo hörst du **ch**? Kreuze an.

Fahre **ch** nach. Schreibe weiter.

Name: _____   L l

Lirum larum Löffelstiel,
kluge Kinder lesen viel.

Lirum larum Löffelstiel,
wer viel liest,
der lernt auch viel.

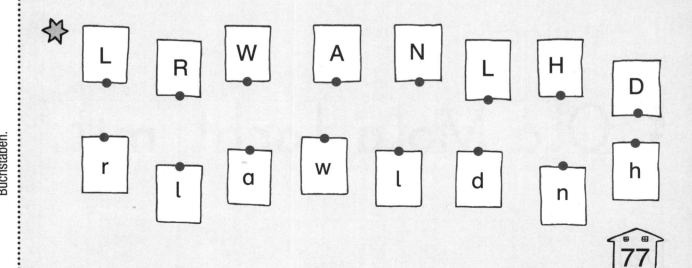

77

L l Name: _____

 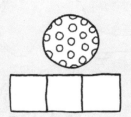 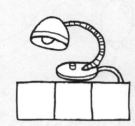 

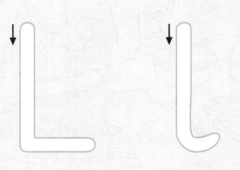

L   L

l   l

Lilo

Lilo lacht laut.

 Ola-Mola lacht mit.

Name: .... L l

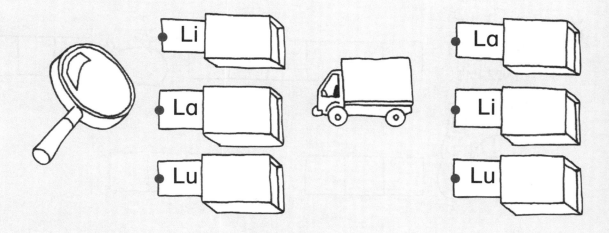

- Muri hat einen Lolli.

- Das Lamm hat ein Tuch.

- Ola-Mola rollt ein Rad.

Muri und Ola-Mola malen.
Muri malt das Lama lila.
Ola-Mola malt das Lama rot.

L l

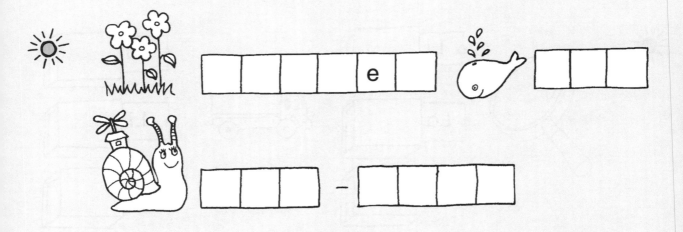

Laut
Laut lacht
Laut lacht das
Laut lacht das lila
Laut lacht das lila Lamm.

| Ll | Dd | Mm | Oo | Tt |

Dino   einen   Ola-Mola   Ampel
Haus   sind   kann   Muri   ist
Oma   rot   das   die   im   da

80

Name: ....

E e

Erde Indien
Meer Enten turnen
Tante Torte Wanne
rechnen holen
tollen malen ihre
lachen rollen lachen
alle andere dem
der er Mutter
wir waren
wer ich reden
werden Rolle Tee
lernen Hunde

E e

Name: ....

Name: _____  **E e**

 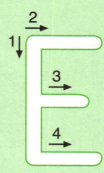

E E

e e

Ente

ernten

Ich male Enten.

mal •
• en
lern •
• en
turn •
• en
hol •

E e

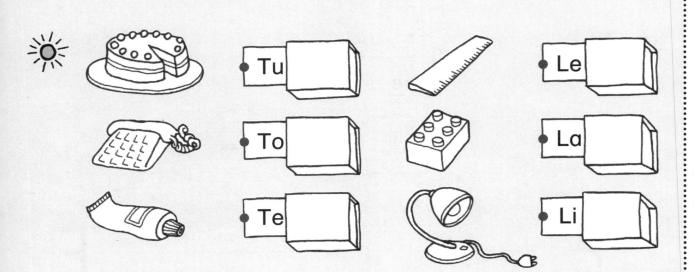

- Rohini rennt zum Haus.
- Rohini holt ein Buch.
- Rohini rollt Murmeln.

- Rohini ist mit ihren Eltern am Haus.
- Rohini malt Enten auf die Erde.
- Rohini erntet mit ihren Eltern Tee.

Name: _____

S s

Erzähle zum Bild. Wo hörst du **S s**? Male an.

Schneide **S s** aus einer Zeitung aus und klebe sie auf.

Sonne
Salat Ananas
Dose Nase aus
Salami sollen
Rose Maus
sich

85

S s

Name: ....

Wo hörst du **S s**? Kreuze an.

Fahre **S s** nach. Schreibe weiter.

S   S

s   s

Salat

das Haus

Muri ist im Haus.

Name: .... S s

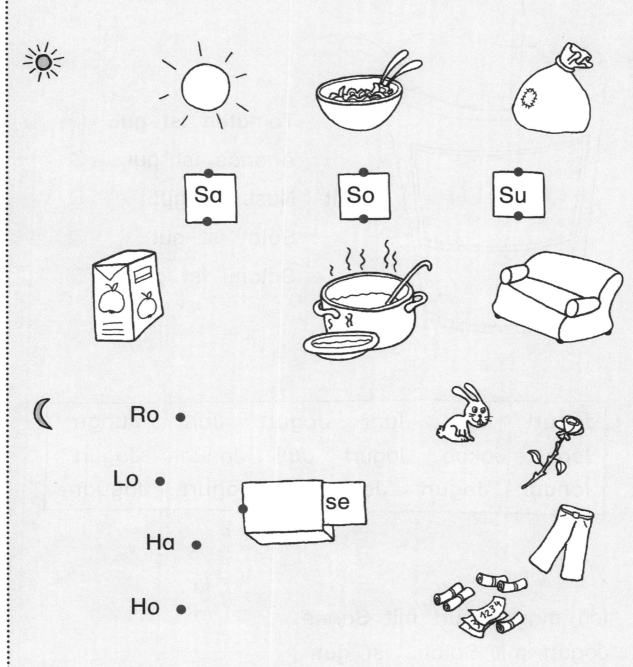

Welcher Wortanfang gehört zum Bild? Verbinde.

Sa   So   Su

Welcher Wortanfang passt zu -se? Verbinde und vergleiche mit den Bildern.

Ro
Lo
Ha
Ho

Muri will essen.
Was sucht er sich aus?

Salat ○   Torte ○
Ananas ○   Salami ○
Tomaten ○ Marmelade ○
Nudeln ○   Melone ○

Schau das Bild genau an. Kreuze an, was Muri essen will.

87

J j

Name: _____

mit
- Tomaten ist gut. ○
- Ananas ist gut. ○
- Nuss ist gut. ○
- Salat ist gut. ○
- Salami ist gut. ○

Jogurt	Jojo	Juni	Jogurt	Jahr	Junge
Jäger	Jakob	Jogurt	Juli	Januar	Jogurt
Januar	Jogurt	Ja	Juni	Jogurt	Jaguar

	ja
Ich mag Jogurt mit Sahne.	○
Jogurt mit Salami ist gut.	○
Ich mag immer Jogurt.	○
Jogurt mit Ananas ist gut.	○
Jogurt mag ich nicht.	○

Ich mag Jogurt mit ....

Lies: **Jogurt mit ... ist gut.** Kreuze an, welcher Jogurt dir gut schmeckt.

Farbe **Jogurt** ein.

Lies die Sätze. Kreuze an, was du mit **ja** beantworten kannst.

Schreibe in dein Ich-Heft, welchen Jogurt du magst.

Name: .... **J j**

 Jakob hat keinen Jogurt im Haus.
Jakob macht das gar nichts aus.
Jakob ja, Jakob nein,
jeder Jogurt ist doch fein.

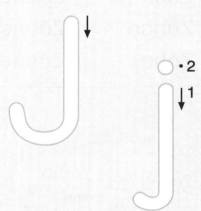

J   J

j   j

ja

Jan hat Janas Jo-Jo.

89

B b Name: _____

Wer hat Zähne?

der Jogurt ○	die Nase ○
Dino ○	Muri ○
Mama ○	Ola-Mola ○

Zähne	Zäune	Zauber	Zähne
Zahn	Zähne	Zäune	Zug
Zäune	Zahn	Zähne	Zauber

Zähne	Jogurt	Ola-Mola	Dino
Haus	Auto	Muri	kann
einen	und	ein	eine

Name: _____   **B b**

Wir baden in der Badewanne.
Das nehmen wir mit:

Blumen   Buch   Libellen
Roboter   Zauberer   Körbe
Bälle   Bikini   Obst   Bananen
Becher   Tablett   Globus
Boot   Ball   Bonbons   Butter
Braten   Brote   Birnen

B b   Name: ....

 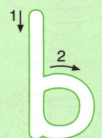

B   B

b   b

sauber

Ich bin im Bett.

Ich bade in der Badewanne. ◯
Ich bade im Bett. ◯
Ich baue einen Baum. ◯
Ich baue ein Baumhaus. ◯

Name: _____ K k

Krokodil

Wer kommt gekro,
wer kommt gekro,
wer kommt gekro,
kro, krochen?
Das Kro, das Kro,
das Krokodil,
das Kroko, das Kroko,
Krokodil.

nach Josef Guggenmos

K k Name:

  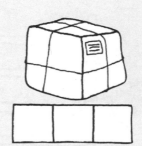 

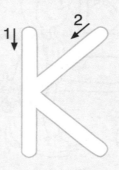 

K   K

k   k

Kinder

Muri hat Kekse.

94

Name: ....

K k

Welcher Wortanfang gehört zum Bild? Verbinde.

Kreuze an, was stimmt.

Was ist im Korb?

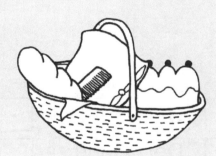

Im Korb ist ein Brot. ○
Ich sehe einen Kuchen im Korb. ○
Im Korb ist auch ein Kissen. ○
Ich kann einen Kamm sehen. ○
Ist auch ein Karton im Korb? ○

Erzähle weiter.

Was ist noch im Korb?

Im Korb sind Kekse.
Im Korb sind Kekse und Karten.
Im Korb sind Kekse, Karten und Kakao.
Im Korb sind Kekse, Karten, Kakao und ….

95

Würfeldiktat   Name:

diktat

⚀	Die Mutter
⚁	Der Hund
⚂	Oma
⚃	Ola-Mola
⚄	Dino
⚅	Muri

⚄ Muri

⚀	Die Mutter	⚀	hat	⚀	das Auto.
⚁	Der Hund	⚁	bekommt	⚁	das Haus.
⚂	Oma	⚂	isst	⚂	den Hut.
⚃	Ola-Mola	⚃	malt	⚃	den Turm.
⚄	Dino	⚄	nimmt	⚄	das Buch.
⚅	Muri	⚅	baut	⚅	die Nase.

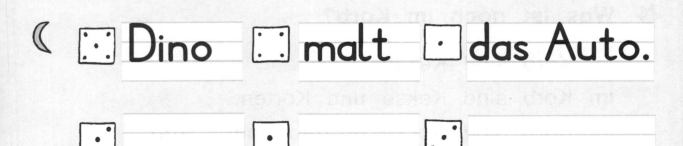

96

Name: _____   **F f**

Muri ist ein Flummiball.

 ist in der blauen Badewanne.

 ist im Teller mit Nudeln.

 ist faul im Bett.

 ist auf dem Baum mit Birnen.

Sch sch

Name: ....

Schraube   Ta____e   ____okolade

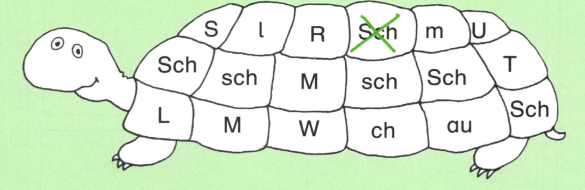

____loss   Hand____uh   ____ere

Name: .... **Sch sch**

Sch sch

Sch	Sch
sch	sch
Schaf	
schlafen	

Wer kann schwimmen?

Schaf   Schwan
Muri   Fisch
Auto   Ente

Der   kann schwimmen.

Fahre **Sch sch** nach. Schreibe weiter.

Sch sch Name: ....

Schoko-Schuss

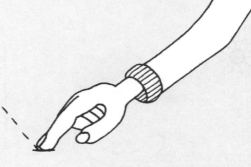

Ihr braucht:

	Male einen roten Fisch.	Male Muri im Schnee.	
	Male Muri im Haus.	Male eine Ampel.	Lache laut.
Male Muri mit Schal.	Klatsche laut.	Male ein Schiff mit Fahne.	Male ein Glas mit Wasser.
Male ein **Sch** im Schrank.	Winke mit der linken Hand.	Winke mit der rechten Hand.	

Schnippt abwechselnd den Spielstein auf die Spielfelder. Landet dein Spielstein auf einem Schoko-Feld, so darfst du ein Stückchen nehmen.

Name: .... **Ei ei**

Eimer

Ei ei  Name: _____

Ei ei

Ei　　　Ei　ei　　　ei

ein Eis

ein Eis mit Schirm

Ein Eis

mit Bananen ist ein **Bananen-Eis.**

mit Ananas ist ein

mit Jogurt ist ein

mit Sahne ist ein

104

Name: _____

Aa Bb Cc Dd

Ee Ff Gg Hh

Ii Jj Kk Ll

Mm Nn Oo Pp

Qu qu Rr Ss

ß Tt Uu Vv

Ww Xx Yy Zz

Name:

Au au Ch ch

Ei ei Eu eu

Pf pf Sch sch

Sp sp St st

ck ie

Ää Öö Üü

Äu äu

Name: _____ **Ei ei**

ein
eine
- Ausweis
- Kleid
- Seifendose
- Eimer
- Schal
- Hose
- Sonnenbrille

Was ist noch im Koffer?

Im Koffer sind Bonbons und ein Buch.

Im Koffer sind Bonbons, ein Buch und ein Schal.

Im Koffer sind Bonbons, ein Buch, ein Schal und ein Handschuh. Im Koffer sind ... .

105

ß   Name:

ß   ß

Fuß   weiß

draußen   heiße   heiß   barfuß   Tausendfuß

Ich   Tara   .

Wenn es   sehr   ist,

laufe ich   .

Name: _____ G g

Jogurt gelb Igel Gorilla
Gras Regen mag groß
Wagen grillen grau Tag
Gummi Girlande Gold gut
Nagel singen Gans Junge

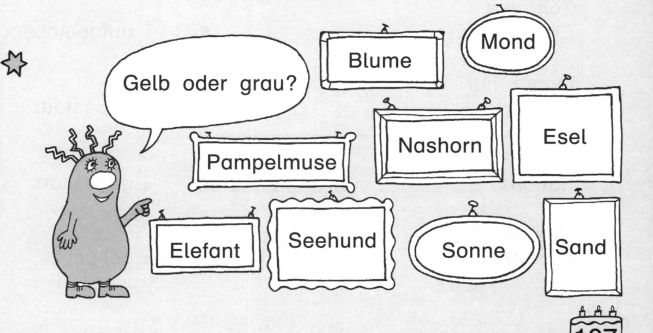

Gelb oder grau?

Blume   Mond
Pampelmuse   Nashorn   Esel
Elefant   Seehund   Sonne   Sand

107

G g Name:

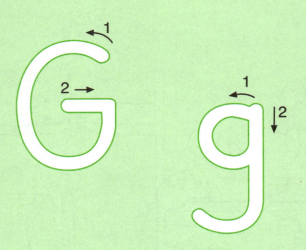

G　　　　　　　　　　　　　　　　G

g　　　　　　　　　　　　　　　　g

Geburtstag

Toni hat
Einladungen　　　　　　　　•　　• aufgeblasen.

Mama hat
Kakao　　　　　　　　　　　•　　• gebastelt.

Oma hat
Ballons　　　　　　　　　　•　　• gegessen.

Alle haben
Kuchen　　　　　　　　　　•　　• gekocht.

108

Name: **Z z**

Z　　　　　　　　　　　　　　　　Z

z　　　　　　　　　　　　　　　　z

Zebras zaubern im Zirkus.

Z z

Name: _____

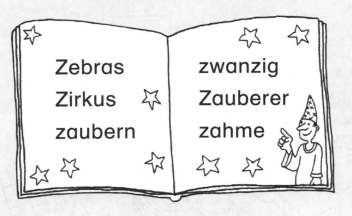

Zebras   zwanzig
Zirkus   Zauberer
zaubern   zahme

_____
_____

Ich will einen witzigen Satz zaubern.

⚀ Die Katze	⚀ macht	⚀ eine Zeitung.
⚁ Das Zebra	⚁ zaubert	⚁ eine Zitrone.
⚂ Der Zwerg	⚂ putzt	⚂ einen Ranzen.
⚃ Der Zauberer	⚃ kratzt	⚃ eine Zunge.
⚄ Der Zahnarzt	⚄ kitzelt	⚄ eine Brezel.
⚅ Der Polizist	⚅ zeichnet	⚅ einen Zahn.

_____
_____

Name: _____ ☆ **St st**

Erzähle zum Bild.
Wo hörst du **St st**? Male an.

Lies den Reim.

Still und stumm
auf einem Stein
steht ein Storch
auf einem Bein.
Dann stochert er
am Stein herum
und staunt: Ein Stein,
das ist doch dumm!

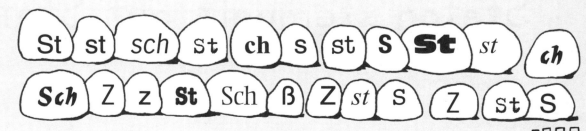

113

St st ⭐   Name: _____

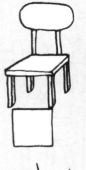
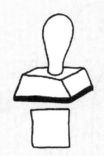

☾

St st

| St | St | st | st |

Stein

stempeln

Stefan stempelt auf Stoff.

St st

 Was stimmt?

Stefan streichelt Struppi. •
Struppi steht auf dem Stuhl. •
Stefan streitet mit Gesa. •

Papa streicht den Stuhl. •
Mama streicht den Stuhl. •
Papa ist stark. •

Ein Storch steht auf einem Bein. •
Ein Storch steigt auf einen Stein. •
Der Storch steht auf der Straße. •

Hallo!

Ich bin auf dem Lesestern.
Gefallen dir meine roten ?
Bin ich darin ein Storch?
Nimm bitte einen Stift
und schreibe mir.
Ich antworte dir
mit meinem Zauberstift.

Dein Muri

Eu eu   Name:

Neun Eulen in Scheunen,
die heulen und heulen.

Die Scheune mit Heu
war bestimmt ganz neu.

Die Feuerwehr, die Feuerwehr,
die freut die Eulen nicht so sehr.

Eu *eu* au ei Eu *ei* Au *au* au Eu **Ei**
eu *ei* Ei ***Au*** eu Eu au eu ei Ei *eu*

Wo hörst du **Eu eu**? Male an.

Lies den Text.

Kreise **Eu eu** ein.

116

Name: .... **Eu eu**

- Feuer •
- Eis •
- neun •
- Eule •
- Euter •
- Heu •

Eu   Eu   eu   eu

neu

Neun Eulen heulen im Heu.

Neun Eulen / Die Leute | heulen sind | freundlich. / in der Scheune. / im Heu.

117

Eu eu

Eu •
 • mer
Ei •

Eu •
 • s
Ei •

Au •
 • le
Eu •

Leu •

Beu • • te

heu •

Name: _____ Ä ä

Erzähle zum Bild. Wo hat sich Ä ä versteckt? Male ... ein.

was du im Bild findest.

Ä ä	Mädchen	Käse
Fässer	Zähne	Käfer
Äpfel	Gewänder	Käfig
Gläser	Häschen	Jäger
Kämme	Säge	Bär
Nägel	Äffchen	Äste

Lies sie und kreise Ä ä ein.

Ä ä **ä** ä A ä Ä a ei *Ä*
Eu *Ä* eu ä *Ei* *ei* Ä **eu** eu
Ä **ei** Ä A ä Ei Ä ä ei

119

Ä ä Name: _____

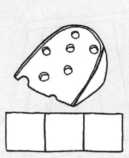   

Ä   Ä   ä   ä

Äste

Bär

  Apfel

 Hand

 Nagel

Name: _____ Ö ö

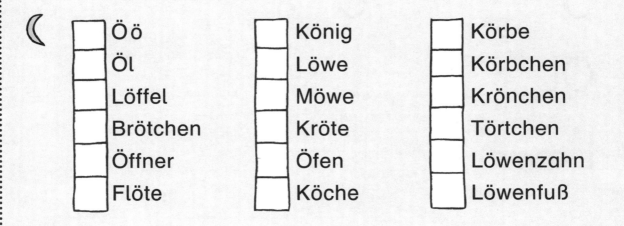

	Öö		König		Körbe
	Öl		Löwe		Körbchen
	Löffel		Möwe		Krönchen
	Brötchen		Kröte		Törtchen
	Öffner		Öfen		Löwenzahn
	Flöte		Köche		Löwenfuß

Ö ö Ei eu ö Ä O o Ö ö Ä ä eu
Eu Ö eu ö Ö Ä ö Ei Ö ei Ö
Ei U Ö ö Eu O Ei Ö e Ä ä ö

121

Name: _____   Ü ü

☐	Ü ü	☐	Schüssel	☐	Hügel
☐	Tür	☐	Schlüssel	☐	Blüten
☐	Hüte	☐	Gemüse	☐	Würmer
☐	Tüte	☐	Hühner	☐	Würste
☐	Rüben	☐	Küken	☐	Würfel
☐	Übung	☐	Burgküche	☐	Bücher
☐	Kühe	☐	Früchte	☐	Tücher
☐	Krüge	☐	Rüstung	☐	Bürste
☐	Hütte	☐	Füller	☐	Bügel

Ü ü **Ü** ü U u ü Ü *Ü* ü *Ü* Ü ü

Ö *Ü* ä Ü *ü* **Ä** ö ei **eu** ü Ü Ü

Ei ä **ö** Ü U Ä Ö Ü Eu *ü* *Ü* Ü

123

Ü ü

Ü   Ü   ü   ü

für

Hut

Turm

Buch

Die Mütze brüllt. •
Der Löwe brüllt. •

Die Rübe ist im Korb. •
Die Rübe ist in der Tüte. •

124

Name: _____ Ü ü

  Korb   Körbchen

 Hut

 Hand

 Hund

 Mund

 Wer übt denn da so fleißig?
Möchtest du ihr nicht schreiben?

125

Flüsterdiktat Name:

Flüsterdiktat

  Suche dir einen Partner oder eine Partnerin.

 Sage leise ein Wort durch die Flüsterrolle.

 Schreibe das Wort auf.

 Schaut gemeinsam nach.

ie Name: _____

○ 1 Ein großer Riese lief auf die Wiese.

○ Da lief der große Riese schnell wieder von der Wiese.

○ Ein großer Riese schlief auf dieser Wiese.

○ Sieben kleine Bienen fliegen auf die Wiese.

Hallo!

Ich mag Riesen-Geschichten.
Kannst du mir eine Geschichte
über einen Riesen erzählen?
Bitte schreibe mir.

Dein Muri

128

Name: .... **V v**

- Vogel
vier •
- Veilchen
Vater •
- Vampir

- Vase

Klavier •

V   V

v   v

Vogel

viele

vier Vampire am Klavier

V v Name:

☀ **Was wünschst du dir von Ola-Mola oder Muri?**

 Muri Ola-Mola

 soll

vorlesen.
vormalen.
vorsingen.
vortanzen.
vorturnen.

☾ Hier siehst du einen Vogel vor dem Vogelhaus. •

Hier siehst du vier Vögel im Nest von hinten. •

⚡
🌈

Hallo!

Schau dir mal Vögel
in einem Vogelbuch an.
Schreibe mir doch,
welcher Vogel dir am besten gefällt.

Deine Ola-Mola

Name: .... **ck**

Lies die Wörter. Verbinde sie mit den passenden Dingen im Sack.

Glocken •   • Rock
Dreieck •   • Bäcker
Deckel •   • Stock
Decken •   • Säcke
Socken •   • Schnecken

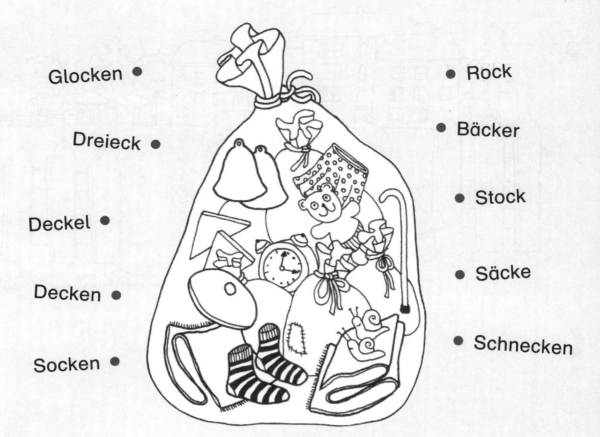

ck

| ck | ck Socke |

Im Sack sind Socken.

Äu äu

Name:

Äu äu

Äu　　　Äu　äu　　　äu

Mäuse mit dicken Bäuchen

Sieben Mäuse haben sich
vor der Eule versteckt.
Vier Mäuse sind unter
die Sträucher gekrochen.
Drei Mäuschen sind
auf einen Baum geklettert.

Name: ....

Sp sp

Rehe springen durch den Wald.   ○

Rehe knabbern an den Spitzen der Bäume.   ○

Spitzmäuse spazieren auf einem Spaten herum.   ○

Eine Spinne spinnt ihr Netz.   ○

Eine Eule hat sich im Baum versteckt.   ○

Spatzen sitzen auf der Leiter.   ○

Ein freundliches Gespenst spukt im Wald umher.   ○

Das Eichhörnchen spielt mit einem Spiegel.   ○

  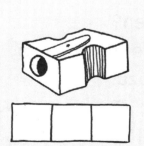  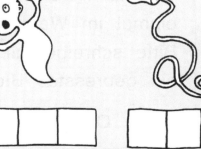

133

Sp sp Name: _____

Sp sp

| Sp | Sp | sp | sp |

Muri
Ola-Mola
Das Gespenst

spricht
spielt

mit der Spinne.
mit dem Specht.
mit dem Spiegel.

_____

_____

_____

Hallo!

Welche Tiere hast du schon einmal im Wald gesehen?
Bitte schreibe mir. Lege doch auch ein gepresstes Blatt dazu.

Deine Ola-Mola

134

Name:  Pf pf

(Eichhörnchen springen
von Baumwipfel zu Baumwipfel.   ○

Eichhörnchen zupfen
mit ihren Pfoten Samen aus den Zapfen.   ○

Eichhörnchen pflücken Äpfel vom Apfelbaum.   ○

Der Fuchs schaut aus seinem Schlupfloch hervor.   ○

 Fünf Eichhörnchen
Fünf Eichhörnchen zupfen.
Fünf Eichhörnchen zupfen Samen.
Fünf Eichhörnchen zupfen Samen aus Zapfen.

Pf pf Name: _____

Pf   Pf   pf   pf

Muri	isst	Blumen.
Ola-Mola	pfeift	Äpfel.
Das Pferd	pflückt	ein Lied.

_____

_____

Wanne   Seife

Pf _____   _____

Name:

Wo hat sich **X x** versteckt? Male an.

Was ist im Bild noch zu sehen?

Kater Max und Katze Maxi
fahren heute mit dem Taxi.

Hexensprüche, Jux und Faxen
sind für Hexen nicht für Katzen.

Xaver spielt das Saxofon,
Xenia läuft zum Telefon.

Hexenbuch und Lexikon,
verflixt, die fliegen doch davon.

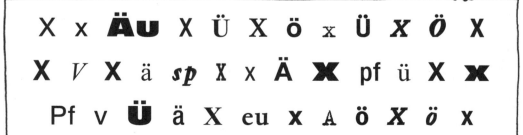

X x   Name:

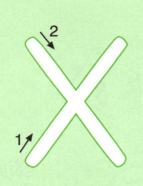

X   X

x   x

Xaver

Hexe

   Xaver / Die Hexe / Rex   fährt / sitzt / liegt   im Taxi. / auf dem Taxi. / ein Lied.

   Die kleine Hexe isst das Hexenbuch.   ○
Die kleine Hexe liest im Hexenbuch.   ○
Die kleine Hexe sitzt auf der Bank.   ○

138

Name: .... **Y Y y**

Meine Schwester heißt Yvonne.
Sie ist noch ein Baby.

Auf einem Pony kann man reiten.
Mein Hobby ist Reiten.

Gesa spielt gern Memory
und auf dem Xylophon.

Tante Lydia war schon
einmal in Ägypten.
Dort gibt es Pyramiden.

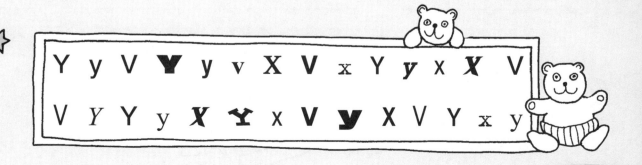

Y y V **Y** y v X **V** x Y *y* x **X** V
V *Y* Y y **X** **Y** x **V** **y** X V Y x y

Y y Y Name:

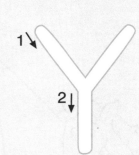
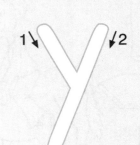

Y   Y

y   y

Ypsilon

Baby

Wir	spielen	mit dem Teddy.
Muri	spielt	Memory.
Ola-Mola		mit dem Pony.

Pony •      • Baby

Teddy •   • Memory

140

Name:  C c Ch ch

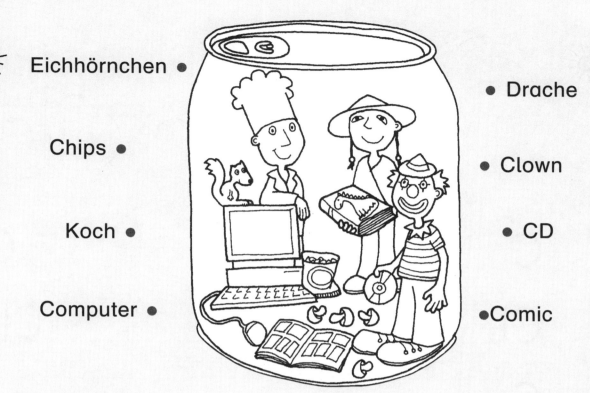

- Eichhörnchen
- Chips
- Koch
- Computer

- Drache
- Clown
- CD
- Comic

Die Hexe Coco fuhr mit ihrem Cabrio
auf einen Campingplatz in China.
Dort traf sie den Clown Camillo,
der einen chinesischen Comic las.
Dabei trank er Cola.
Die Hexe Coco setzte sich
an einen Computer
und machte Computer-Spiele.
Später legte sie eine CD auf
und spielte ein flottes Lied.
Alle Clowns sangen mit
und ritten wie Cowboys herum.

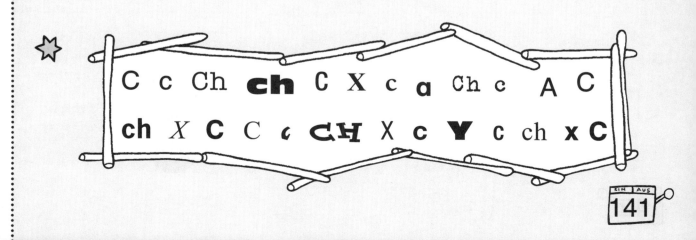

C c Ch **ch** C X c a Ch c A C
ch X C C c **CH** X c Y c ch x C

141

C c Ch ch

Name:

C   C

Ch   Ch

Coco

Camillo
Muri
Coco

mag
isst

Chips.
Chinesisch.
Cola.

142

Name: _____   **Qu qu**

(In meinem Aquarium sind viele Tiere:
eine quicklebendige Qualle,
die immer quasselt,
eine quietschvergnügte Kaulquappe,
die chinesisch quakt,
die Feuerqualle Quaco,
die immer Quatsch macht,
der Fisch Quix,
der gern Quark frisst,
und der Quälgeist Quieky,
der immer Quartett spielen will.

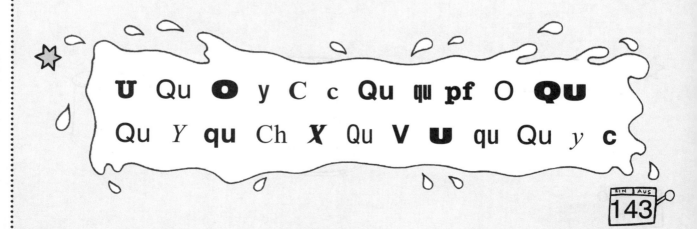

U Qu O y C c Qu qu pf O QU
Qu Y qu Ch X Qu V U qu Qu y c

143

Qu qu Name: ....

   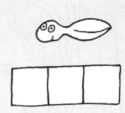

 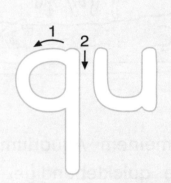

Qu   Qu

qu   qu

Qualle

quaken

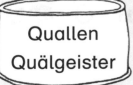 

Quallen
Quälgeister

quaken
quasseln
quietschen

nicht.
laut.

Name: _____

Schließe deine Augen.
Fahre einen Buchstaben nach
und benenne ihn.
Das Lautbild kann dir dabei helfen.

Suche die Buchstaben,
die du schon gelernt hast.
Fahre sie mit dem Finger nach
und benenne sie.

🧑 Nenne einen Laut.
👧 Fahre den passenden Buchstaben
mit dem Finger nach.
Fahre ihn zuerst mit geöffneten,
dann mit geschlossenen Augen nach.
👧🧑 Wechselt euch ab.

🧑 Nenne ein Lautbild.
👧 Nenne den passenden Laut.
Fahre den Buchstaben
mit dem Finger nach.
👧🧑 Wechselt euch ab.

Name: _____

- Schließe deine Augen.
- Führe die Hand deines Partners oder deiner Partnerin zu einem Buchstaben.
- Erfühle den Buchstaben und benenne ihn.
- Wechselt euch ab.

- Schreibe deinem Partner einen Buchstaben auf den Rücken.
- Suche den passenden Fühlbuchstaben. Fahre den Buchstaben nach und benenne ihn.
- Wechselt euch ab.

Lege mit Dingen aus deinem Federmäppchen einen Buchstaben.
Suche den passenden Fühlbuchstaben.
Fahre den Buchstaben nach und benenne ihn.

Sammelt kleine Dinge und Bilder.
Legt sie in eine Dose.
Nimm ein Ding oder ein Bild aus der Dose heraus.
Benenne es.
Mit welchem Laut beginnt das Wort?
Lege es auf den passenden Fühlbuchstaben.

Name:

Nimm eine Wortkarte
aus deinem Wörterkasten.
Lies das Wort.
Schreibe es mit deinem Finger
in den Sand.
Vergleiche das Wort mit der Wortkarte.

Spielt Memory mit den Wortkarten
aus dem Wörterkasten.
Lest die Wörter.

Nimm eine Wortkarte
aus deinem Wörterkasten.
Lies das Wort laut vor.
Suche das Wort
in deiner Kiste.

149

Name:

Nimm eine Wortkarte
aus deinem Wörterkasten.
Male für jeden Buchstaben
einen Strich.
Versuche, die Buchstaben zu erraten.
Findest du das Wort heraus?
Wechselt euch ab.

Nimm eine Wortkarte
aus deinem Wörterkasten.
Spiele das Wort deinem Partner vor.
Rate das Wort.
Wechselt euch ab.

Nimm eine Wortkarte
aus deinem Wörterkasten.
Sage deinem Partner,
mit welchem Buchstaben
dein Wort anfängt.
Du darfst auch
weitere Buchstaben verraten.
Finde das Wort heraus.

Name: ....

Im Glas haben sich Dinge mit dem Buchstaben versteckt.
Sucht sie gemeinsam heraus.

Sucht im Klassenraum drei Dinge, in deren Namen ihr den Laut hört.

Nimm immer nur einen Gegenstand aus dem Säckchen heraus.
Sprich seinen Namen deutlich.
Gehört er in die Kiste?

Male dein eigenes Buchstabenbild.
Male nur Dinge,
in deren Namen du den Laut hörst.

151

Name: ....

 Laufe den Buchstaben nach.

☐

 Schreibe den Buchstaben
mit dem Finger in den Sand.

☐

 Knete den Buchstaben nach.

☐

 Suche den Buchstaben in Zeitungen.
Schneide den Buchstaben aus
und klebe ihn auf.

☐